10대 언어보감
WORK BOOK

따돌림사회연구모임 권리교육팀 지음

생활 수행을 위한 《10대 언어보감》에 대해

여러분은 오늘 하루를 어떻게 보냈나요? 하루라는 시간 동안, 여러분은 어떤 모습이었나요? 혹여 화나 분노에 휩싸여 지내거나 친구에게 욕설을 하고, 엄마한테 대들고, 아침에 지각을 해서 마음이 불편하지는 않았나요? 이런 자신이 참 못마땅하고 한심하게 느껴지지는 않았나요?

생활 수행을 위한 《10대 언어보감》은 오늘 하루의 자신을 되돌아보게 하는 책입니다. 사람은 누구나 잘못을 하고 살아갑니다. 하지만 잘못이 잘못으로 끝나지 않게 하려면 자신을 되돌아보며 반성할 줄 알아야 합니다. 같은 잘못을 반복하지 않으려면 자기 수행이 필요합니다. '수행'이란 어른들에게도 쉬운 건 아닙니다. 그래도 삶의 초석을 다지고 있는 10대인 여러분이 그 방법을 알기만 한다면 더욱 당당하고 가치 있는 인생을 살 수 있을 것입니다.

이런 간절한 마음으로 여러 선생님이 모여서 《10대 언어보감》에 도전했습니다. 그 도전은 선생님들의 못난 모습을 발견하는 뼈아픈 시간이기도 했습니다. 《10대 언어보감》은 수행서 중의 수행서라 할 수 있는 《채근담》과 훌륭한 삶을 살다 가신 한용운, 정약용, 이순신, 김구, 이준 선생 등의 말씀 속에서 오늘의 우리에게도 좋은 귀감이 되는 말씀들을 뽑아 담았습니다. 그 말씀들을 선생님들의 뜻풀이와 함께 만나다 보면 옛 선인들의 훌륭한 생각을 더욱 잘 느낄 수 있을 것입니다.

오늘 하루 잘 보냈다면 잘 보낸 대로, 욕설이나 뒷담화, 거짓말, 지각 등으로 마음 불편한 하루였다면 마음 불편한 대로 《10대 언어보감》을 펼치고 눈에 띄는 부분부터 읽어 보세요. 하루의 시작에서, 하루를 지나면서, 하루의 끝에서 《10대 언어보감》과 함께한다면 자신을 성찰하는 더욱 뜻깊은 시간이 될 것입니다.

잘못은 누구나 합니다. 하지만 잘못을 되돌아보고 반성하는 시간이 있고 없고는 우리 인생에 엄청난 차이를 만든다는 것을 꼭 기억하기 바랍니다!

《10대 언어보감 WORK BOOK》에 대해

《10대 언어보감》은 그야말로 위로를 얻기 위한 책이 아니라, 자신의 못난 모습을 반성하고 앞으로 나아갈 방향을 제시해 주는 책입니다. 책을 읽고 공감하는 데 그친다면 나에게 좋은 변화가 일어나기는 어려울 수도 있습니다. 워크북을 작성하면서 책 속의 깨우침이 나의 삶 속에 살아 숨 쉬게 해 보세요. 《10대 언어보감 WORK BOOK》은 책을 읽으면서 성찰한 자신을 삶 속에서 다시 한 번 되짚어 보는 '실천편'이라고 할 수 있습니다.

《10대 언어보감 WORK BOOK》의 구성

아래 세 단계로 구성되어 있으니 순서대로 하나씩 따라서 해 보세요.

1단계 한 번씩 소리 내어 읽고 쓰기

먼저, 원문을 소리 내어 읽어 보세요. 그 다음 뜻풀이를 써 보면서 원문 구절을 마음으로 다시 한 번 느껴 보세요.

2단계 마음에 와닿는 구절 찾기

《10대 언어보감》 책을 펼쳐 원문에 대해 해설한 내용을 천천히 음미하며 읽어 보고 자신의 마음에 와닿는 부분을 찾아보세요. 그런 다음 그 부분을 옮겨 적고, 왜 마음에 와닿았는지 이유를 써 보세요.

3단계 생각해보기

각 문항을 잘 읽고 잘 생각하면서 써 보세요. 평소에 놓치고 있던 자신의 모습을 발견하는 좋은 시간이 될 것입니다.

나 홀로 수행

하나. 일기 쓰듯 작성해 보세요.

늘 곁에 두고 읽어 보세요. 자신의 모습을 돌아보고 더욱 성숙한 사람이 될 수 있을 것입니다. 매일 밤 일기 쓰는 마음으로 워크북을 채워 나가 보세요.

둘. 불편한 마음을 가라앉히고 싶을 때 써 보세요.

살다 보면 누군가가 미워지거나 자신에게 화날 때가 있습니다. 의욕이 없거나 일이 맘처럼 안 풀려서 답답할 때도 있습니다. 감당하기 어려운 현실 앞에서 도망가고 싶을 때도 있습니다. 이처럼 마음이 불편할 때 워크북이 이끄는 대로 글을 써 보세요. 평정심을 되찾는 데 도움이 될 것입니다.

셋. 잘 살고 있는지 의심스러울 때 자신을 점검해 보세요.

사람은 누구나 행복하기를 원합니다. 하지만 하루하루 잘 살더라도 의미 있게 살고 있지 못하다면 어느 순간 공허함을 느낍니다. '이렇게 살아도 되는 걸까?' 하는 마음이 든다면 워크북을 작성하면서 자신을 점검해 보세요. 길을 잃었을 때 좋은 안내자가 되어 줄 것입니다.

모임이나 학교에서의 활용

하나. 생활지도를 위한 읽기자료로 활용해 보세요.

입버릇처럼 비속어를 쓰는 학생에게는 '좋은 마음에서 좋은 말이 나온다'를, 잘못을 하고서도 잘못인지 모르는 학생에게는 '악함 속에 선함으로 가는 길이, 선함 속에 악의 뿌리가 있다'를, 약속을 자주 어기면서도 대수롭지 않게 여기는 학생에게는 '약속을 지켜야 정의가 무너지지 않는다'를 읽힌 다음 워크북을 작성하게 해 보세요. 학생과 이야기를 나누는 데 큰 도움이 될 것입니다.

선생님은 당연한 것을 얘기하는데 학생이 의문을 제기하면 화도 나지만 당황스럽기 그지없습니다. 예를 들어, 수업시간에 수업에 참여하는 것이 당연한데도 학생이 "왜 꼭 들어야 해요? 누구한테 피해 주는 것도 아닌데?"라고 반문하면 선생님은 기가 막히고 말문도 막히기 쉽습니다. 이럴 때 '하는 일마다 조심스럽게 정성을 다하는 것이 배움이다'를 읽게 해 보세요. 배움의 의미와 목적에 대해 성찰하게 될 것입니다. '내 뒤에 올 사람을 생각하라'를 읽게 하는 것도 좋습니다. 직접적인 피해를 주는 게 아니더라도 악영향을 끼칠 수 있다는 것을 깨달을 수 있을 것입니다.

학생이 잘못을 하고도 뻔뻔한 태도를 보여도 선생님은 평정심을 잃게 됩니다. 그럴 때 워크북을 작성하게 한 다음 대화를 나누면 선생님은 더욱 차분한 마음으로 얘기하고, 학생은 흥분을 가라앉히고 자신을 돌아보는 계기가 될 것입니다.

둘. 온책 읽기에 활용해 보세요.

최근 '온책 읽기'를 시도하는 선생님들이 많습니다. 한 학급의 학생 전체가 책 한 권을 읽고 생각을 나누거나 토론하는 과정을 통해 사고가 깊어지고 확장되기 때문일 것입니다. 맞습니다. 한때 다독이 강조되었지만 많이 읽는다고 생각이 자라는 것은 아닙니다. 한 권을 읽더라도 자세히 읽고 다른 사람들과 생각을 나누는 것이 열 권을 읽는 것보다 낫습니다. 《10대 언어보감》은 한 꼭지의 글로 한 시간 동안 읽기-쓰기-발표나 토론하기에 딱 좋습니다.

셋. 자유학년제 교재로 활용해 보세요.

자유학년제의 인성교육 교재로 쓰기 좋습니다. 인성교육의 중요성이 점점 강조되고 있지만 마땅한 인성교육 교재를 찾기가 어렵습니다. 고전 중에 좋은 것이 많지만 지금 우리 학생들이 공감하기에는 조금 어려움이 있습니다. 《10대 언어보감》은 《채근담》과 선현들의 말씀 중 10대들에게 필요한 것을 가려 뽑았고, 10대들의 눈높이에서 이해할 수 있게 뜻풀이를 덧붙였습니다.

넷. 창의적 체험활동 교재로 활용해 보세요.

자율활동이나 창의적 체험활동 시간에 마땅한 프로그램이 없어서 자습, 글짓기 대회, 교과 경시대회, 도서관에서 책읽기 등으로 시간을 보내는 경우가 있습니다. 선생님 입장에서는 부담스러운 시간이고 학생들은 놀거나 쉬는 시간이라고 여깁니다. 《10대 언어보감》을 꾸준히 읽게 한다면, 선생님도 보람을 느끼고 학생들에게도 자신을 돌아보는 좋은 시간이 될 것입니다. 특히 중고등학교 1학년이 읽는다면 예방 차원의 생활지도도 지속적으로 할 수 있습니다.

다섯. 워크북을 수업에 활용하시는 선생님들께

학생들 대부분은 자신의 경험, 가치관을 반성적으로 성찰하는 데 익숙하지 않습니다. 때문에 '생각해보기'를 작성할 때 경험과 생각을 구체적으로 쓰지 못하고 추상적으로 쓰는 경향이 있습니다. 먼저, 선생님의 경험과 생각을 간략한 예시로 들어준다면 학생들의 생각을 이끌어 내기가 더욱 쉬울 것입니다.

1장 · 마음

나를 돌아보게 하는 좋은 말, 좋은 생각

2장 · 도 道

나를 이끌어 주는 인간의 도리

~~~~~~

3장 · 관계

우리 모두 승승할 수 있는 사람과 사람 사이

~~~~~~

4장 · 삶의 자세
내가 당당할 수 있는 가치 있는 삶이란

5장 · 옳고 그름
변하지 않을 세상의 잣대

1장 · 마음

나를 돌아보게 하는 좋은 말, 좋은 생각

좋은 마음에서
좋은 말이 나온다

口乃心之門 守口不密 洩盡眞機
구내심지문 수구불밀 설진진기
意乃心之足 防意不嚴 走盡邪蹊
의내심지족 방의불엄 주진사혜

《채근담》

욕설, 막말, 언어습관

•뜻풀이•

입은 곧 마음의 문이니 엄밀하게 지키지 않으면 마음속의 기밀이 다 새어 나간다. 생각은 곧 마음의 발이니 엄격하게 지키지 않으면 그릇된 길로 달려간다.

한 번씩 소리 내어 읽고 쓰기

원문을 소리 내어 읽어 보고 뜻풀이를 써 보세요.

마음에 와닿는 구절 찾기

책(15~18p)을 읽고 가장 마음에 와닿는 구절을 찾아보고 그 이유를 써 보세요.

마음에 와닿는 구절

그 이유는

생각해보기

다음을 잘 읽고 써 보세요. 자신도 몰랐던 자신을 발견하게 될 것입니다.

• 평소에 습관적으로 욕설이나 다른 사람을 비하하는 말을 하진 않나요? 그런 욕설이
 나 비하하는 말의 정확한 사전적 의미를 찾아 써 보세요.

• 자신이 뱉은 말을 너무 쉽게 생각하거나 그로 인해 생겨난 갈등과 오해를 '아무 생각 없이 말했다'는 말로 무마하려는 경우가 있습니다. 아무 생각 없이 습관적으로 얘기하다 다른 사람의 오해를 사거나 갈등을 일으킨 적이 있나요? 아니면 반대로 상대가 아무 생각 없이 한 말에 기분이 상한 적이 있나요?

• 자신이 습관적으로 쓰는 욕설과 언어를 긍정적인 언어로 바꾸거나 타인의 기분을 상하지 않게 바꿔 보세요.

화는 내 속에서 시작해서
내 속에서 멈추는 것이다

當怒火慾水正騰沸處 明明知得 又明明犯著
당노화욕수정등비처 명명지득 우명명범착
知的是誰 犯的又是誰 此處能猛然轉念 邪魔便爲眞君矣
지적시수 범적우시수 차처능맹연전념 사마변위진군의

《채근담》

화, 분노, 마음 다스리기

• 뜻풀이 •

분노의 불길과 욕망의 물결이 끓어오를 때 분명히 이것을 알고 있으며, 또한 알면서도 이런 행동을 저지르니, 아는 것은 누구이며 저지르는 것은 누구인가. 이러한 때 굳세게 마음을 돌릴 수만 있다면 사악한 마귀도 문득 참된 마음이 될 것이니라.

한 번씩 소리 내어 읽고 쓰기 ─────────────

원문을 소리 내어 읽어 보고 뜻풀이를 써 보세요.

마음에 와닿는 구절 찾기 ─────────────────────────

책(20~24p)을 읽고 가장 마음에 와닿는 구절을 찾아보고 그 이유를 써 보세요.

마음에 와닿는 구절

그 이유는

생각해보기 ─────────────────────────

다음을 잘 읽고 써 보세요. 자신도 몰랐던 자신을 발견하게 될 것입니다.

• 다른 사람에게 화를 낸 적이 있나요? 왜 그랬나요?

• 스스로 화를 조절하는 방법이 있나요? 어떻게 하면 화를 조절할 수 있을까요?

• 화를 조절하지 못해 손해를 본 경험이 있나요? 다시 그때로 돌아간다면 어떻게 하고 싶나요?

• 화가 많이 나서 추악해진 사람의 얼굴 표정을 상상해 보고 그려 보세요. 나의 화난 표정도 떠올려 보세요.

기쁨과 노여움을 쉽게 품으면
남이 속마음을 샅샅이 엿보게 된다

士君子之涉世
사군자지섭세
於人不可輕爲喜怒 喜怒輕 則心腹肝膽 皆爲人所窺
어인불가경위희노 희노경 즉심복간담 개위인소규
於物不可重爲愛憎 愛憎重 則意氣精神 悉爲物所制
어물불가중위애증 애증중 즉의기정신 실위물소제

《채근담》

감정 조절, 분노, 집착

· 뜻풀이 ·

사군자는 세상을 살아가면서 남들에게 기쁨과 노여움을 쉽게 품지 말아야 한다. 기쁨과 노여움을 쉽게 품으면 남이 속마음을 샅샅이 엿보게 된다. 또한 사물에 지나친 애증을 품지 말아야 한다. 애증이 지나치면 몸과 마음이 모두 그것의 지배를 받게 된다.

한 번씩 소리 내어 읽고 쓰기

원문을 소리 내어 읽어 보고 뜻풀이를 써 보세요.

마음에 와닿는 구절 찾기 ─────────────────

책(27~31p)을 읽고 가장 마음에 와닿는 구절을 찾아보고 그 이유를 써 보세요.

마음에 와닿는 구절

그 이유는

생각해보기 ──────────────────────

다음을 잘 읽고 써 보세요. 자신도 몰랐던 자신을 발견하게 될 것입니다.

• 소극적이고 조용한 친구와 적극적이고 활발한 친구가 있습니다. 어떤 친구가 더 멋
있어 보이나요? 그렇게 생각한 이유도 써 보세요.

• 세상 모든 사람이 매순간 그때그때 좋은 것을 좋다고 표현하고 싫은 것을 싫다고 표
  현한다면 어떤 일이 일어날까요?

• 이성적인 판단을 하지 못하고 감정대로 행동하고 말해서 다른 사람에게 상처를 준
  경험, 혹은 상처를 받은 경험을 써 보세요.

1장 · 마음 나를 돌아보게 하는 좋은 말, 좋은 생각

욕망에 얽매이면 마소처럼
남의 고삐에 매여 지낸다

人生只爲欲字所累 便如馬如牛 聽人羈絡 爲鷹爲犬 任物鞭苔
인생지위욕자소루 편여마여우 청인기락 위응위견 임물편태
若果一念淸明 淡然無欲
약과일념청명 담연무욕
天地也不能轉動我 鬼神也不能役使我 况一切區區事物乎
천지야불능전동아 귀신야불능역사아 황일체구구사물호

《채근담》

욕망, 감정 조절, 인내, 나의 진정한 주인

• 뜻풀이 •

인생을 오로지 욕망에 얽매어 놓으면 마소처럼 남의 고삐에 매여 지내고 매나 개처럼 남의 채찍이나 받으며 살게 된다. 생각이 청명하여 담담하고 욕심이 없으면 천지도 나를 흔들지 못하고 귀신도 나를 부리지 못하는데 하물며 모든 사소한 사물이야 오죽하겠는가.

한 번씩 소리 내어 읽고 쓰기 ─────────────────

원문을 소리 내어 읽어 보고 뜻풀이를 써 보세요.

마음에 와닿는 구절 찾기 ────────────

책(32~37p)을 읽고 가장 마음에 와닿는 구절을 찾아보고 그 이유를 써 보세요.

마음에 와닿는 구절

그 이유는

생각해보기 ────────────

다음을 잘 읽고 써 보세요. 자신도 몰랐던 자신을 발견하게 될 것입니다.

• 눈앞에 놓인 맛있는 마시멜로를 먹지 않고 참는 것은 아주 대단한 일입니다. 살면서
더 큰 만족을 위해 참았던 경험을 써 보세요.

• 욕망대로 행동하지 않고 꾹 참았던 경험이 도움이 된 사례를 찾아보세요.

MEMO

얼굴 좋은 것이
마음 착한 것만 못하다

절망에 빠진 나에게 오직 한 가지 희망을 주는 것은
《마의상서》 중에 있는 다음의 구절이었다.
"相好不如身好 身如不如心好
상호불여신호 신호불여심호"
이것을 보고 나는 마음 좋은 사람이 되기로 굳게 결심하였다.

김구, 《백범일지》

외모지상주의, 선함, 좋은 인상

· 뜻풀이 ·

얼굴 좋은 것이 몸 좋은 것만 못하고, 몸 좋은 것이 마음 착한 것만 못하다.

한 번씩 소리 내어 읽고 쓰기 ──────────

원문을 소리 내어 읽어 보고 뜻풀이를 써 보세요.

책(38~43p)을 읽고 가장 마음에 와닿는 구절을 찾아보고 그 이유를 써 보세요.

마음에 와닿는 구절

그 이유는

생각해보기

다음을 잘 읽고 써 보세요. 자신도 몰랐던 자신을 발견하게 될 것입니다.

• 외모가 매력적인 사람과 마음이 선한 사람 중 내가 힘들 때 옆에 있어 주었으면 하는
  사람은 누구인가요? 그런 사람이 있다면 한번 떠올려 보세요.

• 내가 다른 누군가에게 선한 행동을 한 경험을 떠올려 보세요. 그때의 마음과 나의 모
  습(얼굴 표정)을 시로 써 보세요.

• 선한 행동을 한 후 거울에 비친 나의 얼굴 표정을 이모티콘으로 표현해 보세요.

하늘이 나에게 복을 적게 준다면
나의 덕을 쌓아 막을 것이다

天薄我以福 吾厚吾德以迓之
천박아이복 오후오덕이아지

天勞我以形 吾逸吾心以補之
천로아이형 오일오심이보지

天阨我以遇 吾亨吾道以通之
천액아이우 오형오도이통지

天且我奈何哉
천차아내하재

《채근담》

좌절, 복, 핑계

• 뜻풀이 •

하늘이 나에게 복을 적게 준다면 나는 나의 덕을 많이 쌓아 이를 막을 것이고, 하늘이 내 몸을 수고롭게 한다면 나는 나의 마음을 편하게 하여 이를 보충할 것이며, 하늘이 내 처지를 어렵게 한다면 나는 나의 도를 형통하게 해서 그 길을 열 것이니 하늘인들 나를 어찌할 수 있겠는가.

한 번씩 소리 내어 읽고 쓰기 ─────────────

원문을 소리 내어 읽어 보고 뜻풀이를 써 보세요.

마음에 와닿는 구절 찾기 ──────────────

책(46~50p)을 읽고 가장 마음에 와닿는 구절을 찾아보고 그 이유를 써 보세요.

마음에 와닿는 구절

그 이유는

생각해보기 ──────────────────

다음을 잘 읽고 써 보세요. 자신도 몰랐던 자신을 발견하게 될 것입니다.

• 여러분 주변에서 복을 많이 타고난 사람이 있나요? 그 사람들을 보면 어떤 생각이
  드는지요?

• 여러분은 어떤 운명을 타고났다고 생각하나요? 하늘이 복을 많이 주었다고 생각하
  세요?

• 운명에 상관없이 덕을 쌓기 위해 여러분은 어떻게 할 것인가요?

불만족을 받아들여야 비로소
만족의 덫에서 벗어날 수 있다

세상에 만족이 있느냐, 인생에서 만족이 있느냐
있다면 나에게도 있으리라.
세상에 만족이 있기는 하지만 사람 앞에만 있다.
거리는 사람의 팔 길이와 같고, 속력은 사람의 걸음과 비례가 된다.
만족은 잡으려야 잡을 수도 없고, 버리려야 버릴 수도 없다.
만족은 얻고 보면 얻은 것은 불만족이오, 만족은 의연히 앞에 있다.
만족은 우자나 성자의 주관적 소유가 아니면, 약자의 기대뿐이다.
만족은 언제나 인생과 수적 평행이다.

한용운, 〈만족〉

만족, 불만족, 욕심, 꿈, 바람

한 번씩 소리 내어 읽고 쓰기

위의 원문을 소리 내어 읽고 한 번씩 써 보세요.

마음에 와닿는 구절 찾기

책(52~55p)을 읽고 가장 마음에 와닿는 구절을 찾아보고 그 이유를 써 보세요.

마음에 와닿는 구절

그 이유는

생각해보기

다음을 잘 읽고 써 보세요. 자신도 몰랐던 자신을 발견하게 될 것입니다.

• 만족을 느껴본 적이 있나요? 만족과 불만족의 차이점은 무엇이라고 생각하세요?

• 지금 이루고 싶은 무언가가 있는데 만족하지 못해 괴로워하는 게 있나요?

• 자신이 바라던 것을 이루었는데 곧 또다시 만족하지 못하게 된 때가 있었나요?

2장 · 도道

나를 이끌어 주는 인간의 도리

사람이라면
마땅히 해야 하는 일

父慈子孝兄友弟恭 縱做到極處
부자자효형우제공 종주도극처
俱是合當如是 着不得一毫感激的念頭
구시합당여시 착부득일호감격적염두
如施者任德 受者懷恩 便是路人 便成市道矣
여시자임덕 수자회은 편시노인 편성시도의

《채근담》

사람의 도리, 보답, 덕, 이기심, 베풀기

• 뜻풀이 •

    어버이는 자식을 우애하고 아들은 어버이에게 효도하며 형은 아우를 감싸고 아우는 형을 공경함이 지극한 경지에 이르더라도 당연히 여기고 털끝만큼도 감격하지 말아야 한다. 만일 베푸는 자가 스스로 덕이 있다고 여기고 받는 자가 감사하는 마음을 품으면 이는 길 가는 사람들의 일이요 길거리의 도일 뿐이다.

> **한 번씩 소리 내어 읽고 쓰기**
>
> 원문을 소리 내어 읽어 보고 뜻풀이를 써 보세요.

마음에 와닿는 구절 찾기

책(61~65p)을 읽고 가장 마음에 와닿는 구절을 찾아보고 그 이유를 써 보세요.

마음에 와닿는 구절

그 이유는

생각해보기

다음을 잘 읽고 써 보세요. 자신도 몰랐던 자신을 발견하게 될 것입니다.

• 상대방을 위해 마땅히 해야 할 어떤 일을 한 뒤 생색을 낸 적이 있나요? 또는 누군가에게 필요 이상의 감사 표현을 한 적이 있나요? 왜 그런 행동을 했을까요?

• 내가 원하는 만큼 충분한 감사 표현을 받지 못해 서운했던 기억이 있나요? 왜 그런 마음이 들었을까요? 앞으로 비슷한 상황에 처한다면 어떻게 해야 할지 생각해 보세요.

• 《채근담》에서 이야기한 자애와 효도 외에 사람이라면 마땅히 해야 할 일들은 또 무엇이 있을까요?

높은 경지에 오른 사람은
잘난 체하지 않는다

鶴立鷄群 可謂超然無侶矣
학립계군 가위초연무려의
然進而觀於大海之鵬 則渺然自小,
연진이관어대해지붕 즉묘연자소
又進而求之九霄之鳳 即巍乎莫及,
우진이구지구소지봉 즉외호막급
所以至人常若無若虛 而盛德多不矜不伐也.
소이지인상약무약허 이성덕다불긍불벌야

《채근담》

자만심, 깔보기, 겸손

• 뜻풀이 •

　학이 닭의 무리 사이에 있으면 뛰어남에서 상대할 자가 없겠지만 한 걸음 나아가 큰 바다 위의 붕새와 비교해 보면 지극히 작다. 더 나아가 높은 하늘의 봉황은 너무 높아서 따라갈 수가 없다. 따라서 도의 경지에 이른 사람은 언제나 아무것도 없는 것 같은 태도를 취하고 비어 있는 것처럼 살며 덕이 많더라도 자랑하지 않는다.

한 번씩 소리 내어 읽고 쓰기

원문을 소리 내어 읽어 보고 뜻풀이를 써 보세요.

마음에 와닿는 구절 찾기

책(66~70p)을 읽고 가장 마음에 와닿는 구절을 찾아보고 그 이유를 써 보세요.

마음에 와닿는 구절

그 이유는

생각해보기

다음을 잘 읽고 써 보세요. 자신도 몰랐던 자신을 발견하게 될 것입니다.

• 사람들 대부분은 어떤 분야에서 인정받고 싶어 합니다. 여러분이 인정받고 싶은 분야는 어떤 것인가요?

• "어딘가에 나보다 훌륭한 사람이 있을 테니 자만하지 말고 나보다 못한 사람이라 해서 무시하지 말자." 《채근담》에서 말하는 이런 태도를 갖기가 어려운 이유는 무엇이라고 생각하나요?

만물을 소생시키는 봄바람과 같은
사람이 되어라

念頭寬厚的 如春風煦育 萬物遭之而生 念頭忌刻的
염두관후적 여춘풍후육 만물조지이생 염두기각적
如朔雪陰凝 萬物遭之而死
여삭설음응 만물조지이사

《채근담》

배려, 따뜻한 사람, 말, 인품

• 뜻풀이 •

생각이 너그럽고 두터운 사람은 봄바람이 만물을 따뜻하게 키움과 같이 모든 것이 그를 만나서 살아난다. 마음이 각박하고 차가운 사람은 북풍한설이 모든 것을 얼게 하는 것과 같이 만물이 그를 만나면 죽게 된다.

한 번씩 소리 내어 읽고 쓰기

원문을 소리 내어 읽어 보고 뜻풀이를 써 보세요.

- -

- -

마음에 와닿는 구절 찾기 ───────────────────

책(71~75p)을 읽고 가장 마음에 와닿는 구절을 찾아보고 그 이유를 써 보세요.

마음에 와닿는 구절

그 이유는

생각해보기 ───────────────────────

다음을 잘 읽고 써 보세요. 자신도 몰랐던 자신을 발견하게 될 것입니다.

• 나는 따뜻한 사람인가요? 아니면 차가운 사람인가요? 나의 온도는 몇 도일까요? 그
  렇게 생각한 이유는?

• 나로 인해 주변에 따뜻한 기운이 흐릅니다. 나로 인해 다른 사람이 용기를 가지게 되고 스스로 성장합니다. 내가 봄바람이 되어 다른 사람에게 미치게 될 영향을 상상해 보세요. 만물을 성장시키는 봄바람 같은 사람이 되기 위해 나는 어떤 노력을 해야 할까요?

MEMO

나의 허물은 보이지 않고,
남의 허물은 크게 보인다

不責人小過 不發人陰私 不念人舊惡
불책인소과 불발인음사 불념인구악
三者可以養德 亦可以遠害
삼자가이양덕 역가이원해

《채근담》

뒷담화, 험담, 명예훼손, 허위사실 유포

• 뜻풀이 •

남의 작은 허물을 꾸짖지 말고, 남의 비밀을 드러내지 말며, 남의 지난날의 잘못을 염두에 두지 마라. 이 세 가지는 가히 그로써 덕을 기르고 또한 가히 그로써 재앙을 멀리할 수 있느니라.

한 번씩 소리 내어 읽고 쓰기

원문을 소리 내어 읽어 보고 뜻풀이를 써 보세요.

마음에 와닿는 구절 찾기 ──────────────────────────

책(77~81p)을 읽고 가장 마음에 와닿는 구절을 찾아보고 그 이유를 써 보세요.

마음에 와닿는 구절

그 이유는

생각해보기 ──────────────────────────

다음을 잘 읽고 써 보세요. 자신도 몰랐던 자신을 발견하게 될 것입니다.

• 나의 뒷담화를 다른 사람을 통해 전해 듣게 된 적이 있나요? 그때 기분이 어땠나요?

• 뒷담화를 통해 얻는 것이 있나요? 잃는 것은 무엇인가요?

• 상대에게 직접 이야기하는 것과 뒤에서 이야기하는 것의 차이는 무엇인가요?

• 뒷담화를 하지 않는 내 모습과 뒷담화가 없는 세상을 상상해 보세요. 어떤 기분이 드
   나요?

덕이 주인이요,
재능은 종이다

德者 才之主 才者 德之奴
덕자 재지주 재자 덕지노
有才無德 如家無主而奴用事矣 幾何不魍魎而猖狂
유재무덕 여가무주이노용사의 기하불망량이창광

《채근담》

덕, 우월감, 센 척, 고립, 경청, 관용

• 뜻풀이 •

덕은 재능의 주인이고 재능은 덕의 종이다. 재능이 있어도 덕이 없다면 주인 없이 종이
제멋대로 하는 것이니, 어찌 도깨비가 날뛰지 않겠는가?

> ### 한 번씩 소리 내어 읽고 쓰기 ──────────
>
> 원문을 소리 내어 읽어 보고 뜻풀이를 써 보세요.

마음에 와닿는 구절 찾기 ────────────────────────────

책(83~87p)을 읽고 가장 마음에 와닿는 구절을 찾아보고 그 이유를 써 보세요.

마음에 와닿는 구절

그 이유는

생각해보기 ────────────────────────────────

다음을 잘 읽고 써 보세요. 자신도 몰랐던 자신을 발견하게 될 것입니다.

• 가족이나 친구 중에 재능보다는 '덕'으로 칭찬받을 만한 사람은 누구입니까?

• 재능은 겉으로 드러나는 성과로 판단되는 경우가 많습니다. 한편 덕은 내면의 아름다움이기에 일상생활에서 자연스런 말과 행동으로 드러날 뿐 평가를 하기 어려운 면이 있지요. 내가 가진 '덕'은 무엇일까요?

MEMO

자기 힘을 믿고 깝죽거리지 말며
남의 유능함을 시기하지 마라

毋偏信而爲奸所欺 毋自任而爲氣所使
무편신이위간소기 무자임이위기소사
毋以己之長而形人之短 毋因己之拙而忌人之能
무이기지장이형인지단 무인기지졸이기인지능

《채근담》

시기심, 질투심, 자만심, 열등감, 우월감

• 뜻풀이 •

한쪽 편 말만 믿고 간사한 사람에게 속지 말고 자기 힘을 믿고 깝죽거리지 말며, 자기의 장점을 자랑하기 위해 남의 단점을 들추지 말고, 자신이 무능하다고 해서 남의 유능함을 시기하지 마라.

한 번씩 소리 내어 읽고 쓰기 ─────────────────

원문을 소리 내어 읽어 보고 뜻풀이를 써 보세요.

- -

- -

마음에 와닿는 구절 찾기

책(90~94p)을 읽고 가장 마음에 와닿는 구절을 찾아보고 그 이유를 써 보세요.

마음에 와닿는 구절

그 이유는

생각해보기

다음을 잘 읽고 써 보세요. 자신도 몰랐던 자신을 발견하게 될 것입니다.

• 사람의 마음속에 열등감이 있으면 자꾸 자신이 우월한 사람임을 입증하려고 합니다. 과소비를 하는 것은 가장 빠른 시간에 자신의 우월감을 드러낼 수 있는 방법이

죠. 여러분도 남들에게 잘 보이기 위해 분수에 넘치는 물건을 사거나 문화 생활을 즐긴 적이 있나요? 어떤 것이었는지, 그렇게 하고 난 후 어떤 느낌이 들었는지 써 보세요.

• 뭔가를 잘 하는 친구나 인기 있는 친구를 보고 부러워한 적이 있나요? 나도 그렇게 되고 싶은데 잘 안 되어 속상했나요? 친구를 부러워하는 것으로 그치지 않고 자신도 모르게 자꾸 그 친구의 재능이나 인기가 별것 아니라고 깎아내리고 싶은 마음이 든 적은 없나요? 있다면 언제, 왜 그랬는지 써 보세요.

일을 할 때 약간의 여유를 가진다면
귀신도 나를 해치지 못한다

事事 留個有餘不盡的意思 便造物不能忌我 鬼神不能損我
사사 류개유여부진적의사 변조물불능기아 귀신불능손아
若業必求滿 功必求盈者 不生內變 必召外憂
약업필구만 공필구영자 불생내변 필소외우

《채근담》

간절한 바람, 성공, 실패, 여유, 자책

• 뜻풀이 •

일을 할 때마다 약간의 여유를 갖고 다하지 않는 마음으로 한다면 하늘도 나를 시기하지 않고 귀신도 해하지 않는다. 그러나 하는 일이 꼭 성공하고 최고가 되기를 추구한다면 안에서 좋지 않은 일이 생기지 않으면 밖에서 좋지 않은 일이 생길 것이다.

한 번씩 소리 내어 읽고 쓰기

원문을 소리 내어 읽어 보고 뜻풀이를 써 보세요.

마음에 와닿는 구절 찾기 ─────────────────

책(95~99p)을 읽고 가장 마음에 와닿는 구절을 찾아보고 그 이유를 써 보세요.

마음에 와닿는 구절

그 이유는

생각해보기 ───────────────────────

다음을 잘 읽고 써 보세요. 자신도 몰랐던 자신을 발견하게 될 것입니다.

• 우리는 마음속으로 '나는 이 정도는 되어야지'라는 기준을 세워 놓습니다. 자신은 그
  정도 되는 사람이어야 한다고 생각하는 거죠. 어떤 사람은 공부, 어떤 사람은 외모

일 수도 있겠죠. 여러분은 '나는 이것만큼은 잘 해야 한다'라고 생각하는 것이 있나요? 그것이 잘 안 될 때 어떤 마음이 드나요?

• 뭔가를 열심히 하는 것이 너무 힘들게 느껴지고 잘 못할까 봐 두렵고 실제로 잘 안 되어서 너무 괴로웠던 적이 있나요? 그랬다면 누군가의 인정을 받고 싶은 욕망이 마음속 깊은 곳에 있을 수도 있습니다. 여러분은 누구의 인정을 가장 받고 싶은가요? 그 사람의 인정을 받지 못한다면 어떤 일이 생길까요?

3장 · 관계

우리 모두 승승할 수 있는 사람과 사람 사이

소문만 듣고 쉽게
사람을 미워하지 마라

聞惡 不可就惡 恐爲讒夫洩怒
문악 불가취악 공위참부설서
聞善 不可急親 恐引奸人進身
문선 불가급친 공인간인진신

《채근담》

평판, 선입견, 주체적인 사고, 뒷담화, 동조

• 뜻풀이 •

어떤 사람에 대해 나쁜 평판을 듣더라도 금방 미워하지 마라. 남을 헐뜯는 자를 위한 분풀이가 될까 두렵다. 어떤 사람에 대해 좋은 평판을 듣더라도 금방 사귀지 마라. 간사한 자를 출세하도록 이끌어 줄까 두렵다.

> **한 번씩 소리 내어 읽고 쓰기**
>
> 원문을 소리 내어 읽어 보고 뜻풀이를 써 보세요.

마음에 와닿는 구절 찾기

책(103~108p)을 읽고 가장 마음에 와닿는 구절을 찾아보고 그 이유를 써 보세요.

마음에 와닿는 구절

그 이유는

생각해보기

다음을 잘 읽고 써 보세요. 자신도 몰랐던 자신을 발견하게 될 것입니다.

• 누군가가 나에 대한 소문만 듣고 나를 미워하거나 좋아했던 경험이 있나요? 그때 들었던 생각이나 감정은 무엇이었나요?

• 소문만 듣고 미워하고 있었는데 (혹은 급속하게 친해졌는데), 소문과 다른 점을 발견하
  거나 알게 된 경험이 있나요? 그때 깨달은 점이 있다면 무엇인가요?

• 누군가에 대해 말할 때 어느 한 면만 가지고 그 사람 전체를 나쁘게 말하거나 좋게
  말한 적이 있나요? 또는 사실을 과장하거나 축소해서 나쁘게 말하거나 좋게 말한
  적이 있나요? 그때 깨달은 것이 있다면요?

• 뒷담화를 하는 분위기가 만들어졌을 때 동조했거나 거부했던 경험이 있다면 왜 그
  랬는지 써 보세요.

사람은 천천히 사귀고
일은 처음에 신중히 하라

與人者 與其易疎於終 不若難親於始
여인자 여기이소어종 불약난친어시
御事者 與其巧持於後 不若拙守於前
여사자 여기교지어후 불약졸수어전

《채근담》

친구 사귀기, 새로운 환경, 소외, 휩쓸리기, 충동적인 행동

• 뜻풀이 •

사람을 사귈 때는 나중에 가서 쉽게 멀어지는 것보다 처음에 쉽게 친해지지 않은 것이 낫다. 일을 할 때는 나중에 가서 힘들게 지켜내기보다는 서툴더라도 처음에 신중한 것이 낫다.

한 번씩 소리 내어 읽고 쓰기 ─────────────

원문을 소리 내어 읽어 보고 뜻풀이를 써 보세요.

- -

- -

마음에 와닿는 구절 찾기

책(109~113p)을 읽고 가장 마음에 와닿는 구절을 찾아보고 그 이유를 써 보세요.

마음에 와닿는 구절

그 이유는

생각해보기

다음을 잘 읽고 써 보세요. 자신도 몰랐던 자신을 발견하게 될 것입니다.

• 여러분은 친구를 빨리 사귀는 사람인가요? 천천히 사귀는 사람인가요? 친한 친구가 없어서 조바심 나거나 소외된 것 같은 느낌이 든 적이 있었나요? 그때 어떻게 했나요?

• 단짝처럼 늘 붙어 다니고 친하게 지내는 친구들 무리가 있습니다. 그들을 보면 부럽
기도 하고 그 무리 속에 들어가고 싶은 생각이 들기도 하죠. 그런데 나중에 그들이
서로에 대해 험담을 하는 경우를 본 적이 있나요? 이들은 왜 함께 다녔던 것일까요?

• 분위기에 휩싸여서 무언가를 하기로 결정한 적이 있나요? 누군가의 말을 듣고 덥
석 뭔가를 시작했다가 얼마 지나지 않아 그만두게 된 적이 있다면 무슨 일이었는
지, 왜 그만두게 되었는지, 그 일을 끝까지 하기 위해서는 어떻게 해야 하는지 써
보세요.

이기지 말아야 할 때는
이기지 않는 게 용기다

好察非明 能察能不察之謂明
호찰비명 능찰능불찰지위명
必勝非勇 能勝能不勝之謂勇
필승비용 능승능불승지위용

《채근담》

남을 굴복시키려는 마음, 기꺼이 승복하는 용기, 진정한 용기

· 뜻풀이 ·

따지기를 좋아하는 것은 현명한 것이 아니다. 따져야 할 때는 잘 따지고 따지지 말아야
할 때는 따지지 않을 수 있어야 이를 현명함이라고 한다. 언제나 이기는 것이 용기가 아
니다. 이겨야 할 때 이길 줄도 알고 굳이 이기지 않아도 될 때 이기지 않을 수 있어야 이를
용기라고 한다.

한 번씩 소리 내어 읽고 쓰기 ────────────

원문을 소리 내어 읽어 보고 뜻풀이를 써 보세요.

마음에 와닿는 구절 찾기 ─────────────

책(115~119p)을 읽고 가장 마음에 와닿는 구절을 찾아보고 그 이유를 써 보세요.

마음에 와닿는 구절

그 이유는

생각해보기 ─────────────

다음을 잘 읽고 써 보세요. 자신도 몰랐던 자신을 발견하게 될 것입니다.

• 누군가와 갈등이 생겼을 때 또는 부당한 대우를 받고 있다고 생각될 때 여러분은 어

떻게 행동하는 편인가요? 따지나요? 참나요? 그렇게 행동하는 이유는 무엇인가요?

• 누군가와 다퉜던 경험을 떠올려 봅시다. 누가 이겼나요? 나도 이기고 상대방도 이기려면 어떻게 했어야 할까요?

친구의 단점은
간곡히 덮어 주어라

人之短處 要曲爲彌縫 如暴而揚之 是以短攻短
인지단처 요곡위미봉 여폭이양지 시이단공단
人有頑的 要善爲化誨 如忿而疾之 是以頑濟頑
인유완적 요선위화회 여분이질지 시이완제완

《채근담》

뒷담화, 친구의 비밀 폭로, 짜증, 화

• 뜻풀이 •

사람의 단점은 간곡히 덮어 주어라. 만일 폭로하여 알린다면 이는 단점으로 단점을 공격하는 것이다. 사람이 고집을 피운다면 잘 교화시켜 깨닫게 하라. 만일 화내고 미워하면 이는 나의 고집으로 남의 고집을 구제하려는 것이다.

한 번씩 소리 내어 읽고 쓰기

원문을 소리 내어 읽어 보고 뜻풀이를 써 보세요.

마음에 와닿는 구절 찾기

책(122~127p)을 읽고 가장 마음에 와닿는 구절을 찾아보고 그 이유를 써 보세요.

마음에 와닿는 구절

그 이유는

생각해보기

다음을 잘 읽고 써 보세요. 자신도 몰랐던 자신을 발견하게 될 것입니다.

• 여러분은 친구의 단점을 다른 사람에게 말한 적이 있나요? 또 친구가 여러분의 단점을 다른 친구에게 말해서 여러분이 난처해지거나 속상했던 적이 있다면, 어떤 상황

이었는지 어떤 기분이었는지 써 보세요.

• 교실에서 생활할 때 어떤 아이가 갑자기 모두가 들을 수 있는 큰 소리로 짜증을 내는 때가 있습니다. 이 친구는 왜 이렇게 큰 소리로 짜증을 낼까요? 무엇을 보여 주고 싶어서 그럴까요?

남이 나를 비난하거나 속인다면
비난받거나 속은 자신을 돌아보라

毁人者不美 而受人毁者遭一番訕謗 便加一番修省
훼인자불미 이수인훼자조일번산방 편가일번수성
可以釋惡 而增美 欺人者非福 而受人欺者遇一番橫逆
가이석악 이증미 기인자비복 이수인기자우일번횡역
便長一番器宇 可以轉禍 而爲福
편장일번기우 가이전화 이위복

《채근담》

화와 복, 비난당했을 때, 속았을 때

• 뜻풀이 •

　사람을 헐뜯는 것(비난하는 것)은 좋지 않은 일이지만 헐뜯음(비난)을 당한 사람은 한 번 당할 때마다 한 번 더 자신을 뉘우쳐서 나쁜 것은 버리고 좋은 것을 키워야 하고, 사람을 속이는 것은 복 받을 일이 아니지만 속은 사람은 속을 때마다 한 번 더 자신의 도량(사물을 너그럽게 용납하여 처리할 수 있는 넓은 마음과 깊은 생각)을 키워 화(재앙)를 복으로 만들어야 한다.

한 번씩 소리 내어 읽고 쓰기

원문을 소리 내어 읽어 보고 뜻풀이를 써 보세요.

마음에 와닿는 구절 찾기 ────────────────────────

책(128~132p)을 읽고 가장 마음에 와닿는 구절을 찾아보고 그 이유를 써 보세요.

마음에 와닿는 구절

그 이유는

생각해보기 ──────────────────────────────

다음을 잘 읽고 써 보세요. 자신도 몰랐던 자신을 발견하게 될 것입니다.

• 세상 사람들이 서로 비난하고 속고 속이며 살아가는 이유는 무엇이라고 생각하나요?

• 누군가에게 비난받거나 속은 경험이 있을 것입니다. 비난하거나 속인 사람에게 어떻게 대처했는지 떠올려 보세요.

• 앞으로 비난받거나 속게 된다면 어떻게 대처하고 싶나요?

남들의 꺼림을 받을지언정
아부하는 태도로 마구 용납해서는 안 된다

落落者難合 亦難分 欣欣者易親 亦易散
낙락자난합 역난분 흔흔자이친 역이산
是以君子 寧以剛方見憚 毋以媚悅取容
시이군자 영이강방견탄 무이미열취용

《채근담》

아첨, 아부, 소신, 신념, 자기주도

· 뜻풀이 ·

　남들과 잘 어울리지 못하는 사람은 뜻이 맞기도 어렵지만 갈라서기도 어렵다. 남들과 잘 어울리는 사람은 친해지기 쉽지만 헤어지는 것도 쉽다. 그러므로 군자는 차라리 깐깐한 태도 때문에 남들에게 꺼림을 받을지언정 아부하는 태도로 마구 용납해서는 안 된다.

> ### 한 번씩 소리 내어 읽고 쓰기 ──────────────
>
> 원문을 소리 내어 읽어 보고 뜻풀이를 써 보세요.

- -

- -

마음에 와닿는 구절 찾기

책(134~138p)을 읽고 가장 마음에 와닿는 구절을 찾아보고 그 이유를 써 보세요.

마음에 와닿는 구절
- -

- -

- -

그 이유는
- -

- -

- -

생각해보기

다음을 잘 읽고 써 보세요. 자신도 몰랐던 자신을 발견하게 될 것입니다.

• 이 글에서 말하는 '낙락자'와 '흔흔자'란 사람과 사귀거나 관계를 맺을 때 어떤 방식
 을 취하는 사람인지 정리해 보세요.

낙락자

흔흔자

• 평소 자신은 '낙락자'에 가까운가요 아니면 '흔흔자'에 가까운가요? 그렇다고 생각
  하는 이유는 무엇인가요?

• 다른 사람에게 배척당할까 두려워 옳지 않은 줄 알면서도 신념을 저버리거나 분위
  기에 휩쓸려 옳지 않은 행동을 한 적이 있나요? 언제, 어떤 상황이었나요?

인내와 굴종은
다르다

인내忍耐라는 것은 참기 어려운 것, 혹은 참을 수 없는 것을 참는 것이니,

그리고 보면 인내는 즉 고통이다.

세상에는 고통을 좋아하는 사람은 별로 없으니, 고통을 싫어하는 사람에게는 인내가 있을 수 없다.

그러나 인내는 고통을 받기 위한 인내가 아니라 목적을 달성하기 위한 과정에서

필지必至의 곤란을 방편적으로 인내하는 것이니,

다시 말하면 인내는 고통을 위한 인내가 아니요, 목적을 위한 인내다.

그런데 인내를 굴종屈從과 분간치 아니하면 아니 되느니,

유시에는 인내를 굴종으로 오인하기도 쉽고 굴종을 인내로 가식하기도 쉬운 것이다.

인내라는 것은 참지 아니하려면 참지 아니할 수가 있는 것을 목적을 위해 능히 참는 것이요,

굴종이라는 것은 아니 참으려야 아니 참을 수가 없어서 그대로 견디는 것인데,

그것은 참는 것이 곧 목적이 되고 마는 것이다.

인내는 목적을 위하는 능동적이요, 굴종은 굴종을 위하는 피동적이다.

한용운, 〈인내〉

고통, 인내, 참기, 멀리 보기

한 번씩 소리 내어 읽고 쓰기

위의 원문을 소리 내어 읽어 보고 한 번씩 써 보세요.

- -

- -

마음에 와닿는 구절 찾기

책(140~144p)을 읽고 가장 마음에 와닿는 구절을 찾아보고 그 이유를 써 보세요.

마음에 와닿는 구절

그 이유는

• 여러분은 인내하는 사람인가요, 굴종하는 사람인가요? 굴종할 수도 있었지만 인내
  했던 경험이 있나요?

• 굴종이 아닌 인내하는 삶을 살기 위해 고통과 마주했을 때 어떻게 대처해야 할까요?

• 역사 속의 인물 중 인내한 사람을 찾아보고, 그 사람의 삶에서 배울 점을 써 보세요.

4장 · 삶의 자세

내가 당당할 수 있는 가치 있는 삶이란

언어는 곧
인격이다

언어는 대인, 접물接物에 가장 중요한 관건으로 처세술의 요체가 될 뿐 아니라
언어는 실로 중심발로로 전인격의 표현이 되는 것이다.
그러므로 언어로 말미암아 그 사람의 사상, 성격, 학문, 기타 모든 것을 추측할 수가 있는 것이요,
언어의 사물에 미치는 반향으로 선악, 화복, 성패 등의 보응報應을 받게 되는 것이다.

한용운, 〈계언〉

막말, 조롱, 과장하거나 축소해서 말하기, 언어 습관

• 뜻풀이 •

사람의 인격은 그 사람이 사용하는 언어를 통해 드러난다. 언어를 어떻게 사용하는지
보면 사람을 대하는 태도對人, 사물을 다루는 태도接物를 알 수 있기 때문이다. 그러므로
언어는 처세술의 핵심이다. 언어에는 그 사람의 사상, 성격, 학문적 깊이 등 모든 것이 담
긴다. 훌륭한 인격을 가진 사람이 사용하는 훌륭한 언어는 복과 성공을 부르지만 그릇된
인격을 가진 사람이 사용하는 그릇된 언어는 화와 실패를 부른다.

한 번씩 소리 내어 읽고 쓰기

원문을 소리 내어 읽어 보고 뜻풀이를 써 보세요.

- -
- -
- -
- -

마음에 와닿는 구절 찾기

책(149~153p)을 읽고 가장 마음에 와닿는 구절을 찾아보고 그 이유를 써 보세요.

마음에 와닿는 구절
- -
- -
- -

그 이유는
- -
- -
- -

생각해보기

다음을 잘 읽고 써 보세요. 자신도 몰랐던 자신을 발견하게 될 것입니다.

• 자신의 언어 습관에서 개선해야 할 점이 무엇인지 생각해 보세요. 비속어를 사용하는지, 어려운 말을 사용하는지, 말을 빨리 하는지, 즉흥적으로 생각나는 대로 말하는지 신중하게 말하는지, 상대방의 말을 충분히 듣는지 중간에 끊고 말하는지, 비난하거나 조롱하는지 비판하거나 조언하는지 등을 생각해 보세요.

• 늘 진실하게 말하면 좋겠지만 그렇지 않을 때도 종종 있습니다. 과장하거나 축소하거나 상대방이 듣기 좋게 꾸며서 말했던 경험을 적어 보세요.

뜻을 굽혀
남의 환심을 얻지 마라

曲意而使人喜 不若直躬而使人忌
곡의이사인희 불약직궁이사인기
無善而致人譽 不若無惡而致人毀
무선이치인예 불약무악이치인훼

《채근담》

눈치 보기, 환심 얻기, 남의 말에 동조하기

• 뜻풀이 •

뜻을 굽혀 사람들의 환심을 얻기보다는 자신을 곧게 지켜 사람들의 미움을 받는 게 낫다. 선행을 하지 않고 남의 칭찬을 받기보다는 나쁜 일을 하지 않고도 사람들의 헐뜯음을 받는 게 낫다.

한 번씩 소리 내어 읽고 쓰기

원문을 소리 내어 읽어 보고 뜻풀이를 써 보세요.

_____

_____

마음에 와닿는 구절 찾기

책(154~159p)을 읽고 가장 마음에 와닿는 구절을 찾아보고 그 이유를 써 보세요.

마음에 와닿는 구절

_____

_____

_____

그 이유는

_____

_____

_____

생각해보기

다음을 잘 읽고 써 보세요. 자신도 몰랐던 자신을 발견하게 될 것입니다.

• 사람은 누구나 타인으로부터 사랑받고 인정받고 싶은 욕망이 있습니다. 그래서 남을 기쁘게 해 주려고 하죠. 그 자체는 나쁘다고 할 수 없습니다. 그러나 거기에 그치

지 않고 누군가의 사랑 혹은 인정을 받고 싶어서 거짓말이나 거짓 행동을 한다면 문제가 되겠죠. 그런 경험이 있다면 써 보고 그렇게 해서 여러분이 얻게 된 것이 무엇인지 생각해 보세요.

• 우리는 사소한 것도 칭찬하고 칭찬받는 데 익숙해져 있습니다. 그러나 근거 없는 칭찬은 허영심만 쌓이게 할 뿐이고 우리 인생에 독과 같은 것입니다. 여러분은 근거 없는 칭찬을 받아 본 적이 있나요? 근거 없는 칭찬을 받았을 때 어떤 말로 정중히 거절할 것인지 써 보세요.

악함 속에 선함으로 가는 길이, 선함 속에 악의 뿌리가 있다

爲惡而畏人知 惡中猶有善路
위악이외인지 악중유유선로

爲善而急人知 善處卽是惡根
위선이급인지 선처즉시악근

《채근담》

위선, 처벌에 대한 두려움, 알아주기를 바라는 마음

· 뜻풀이 ·

악한 일을 하고 나서 남들이 알까 두려워하는 것을 보면 악함 속에 선함으로 가는 길이 있음을 알 수 있고, 선한 일을 하고 나서 남들에게 알리려고 급급한 것을 보면 선함 속에 악의 뿌리가 있음을 알 수 있다.

한 번씩 소리 내어 읽고 쓰기 ─────────────

원문을 소리 내어 읽어 보고 뜻풀이를 써 보세요.

마음에 와닿는 구절 찾기

책(162~166p)을 읽고 가장 마음에 와닿는 구절을 찾아보고 그 이유를 써 보세요.

마음에 와닿는 구절

그 이유는

생각해보기

다음을 잘 읽고 써 보세요. 자신도 몰랐던 자신을 발견하게 될 것입니다.

• 악한 일을 했거나 선한 일을 했던 경험을 떠올려 보세요. 악한 일을 하고서 남들이 알까 두려워했거나 선한 일을 하고서 남들에게 알리려고 급급하지 않았는지요?

_____

_____

_____

_____

_____

• 사람들은 흔히 이렇게 말합니다. "저 사람이 선해질 수 있을까? 아니 선해지는 건 둘째 치고 나쁜 짓을 그만둘 수 있을까?" "사람 안 변해." 이런 말에 대해 여러분은 어떻게 생각하나요?

_____

_____

_____

_____

_____

MEMO

깨끗함은 더러움에서 나오고,
밝음은 어두움에서 생긴다

糞蟲至穢 變爲蟬 而飮露於秋風
분충지예 변위선 이음로어추풍
腐草無光 化爲螢 而輝采於夏月
부초무광 화위형 이휘채어하월
固知潔常自汚出 明每從暗生也
고지결상자오출 명매종암생야

《채근담》

실패, 좌절, 고난 극복

• 뜻풀이 •

굼벵이는 더럽지만 매미로 변해 가을바람에 이슬을 마시고, 썩은 풀은 빛을 내지 않으나 반딧불로 변해 여름달 아래 광채를 발한다. 그러므로 깨끗함은 항상 더러움에서 나오고, 밝음은 항상 어두움에서 생긴다는 것을 알아야 한다.

> ### 한 번씩 소리 내어 읽고 쓰기
>
> 원문을 소리 내어 읽어 보고 뜻풀이를 써 보세요.

마음에 와닿는 구절 찾기

책(167~171p)을 읽고 가장 마음에 와닿는 구절을 찾아보고 그 이유를 써 보세요.

마음에 와닿는 구절

그 이유는

생각해보기

다음을 잘 읽고 써 보세요. 자신도 몰랐던 자신을 발견하게 될 것입니다.

• 무언가를 하다 실패하거나 좌절한 경험이, 어떤 문제 때문에 고민하거나 힘들었던

경험이 있다면 떠올려 봅시다. 언제, 어떤 상황이었나요?

• 실패하고 좌절했던 경험에서 내가 배운 것이 있다면 무엇인가요? 그 경험을 통해서
  성장했다고 생각하나요?

• 책(168~169p)에서 얘기한 '산악인 엄홍길'처럼 고난과 실패에도 굴하지 않고 큰 업
  적을 달성한 사람이 있는지 찾아보고 공유해 보세요.

하는 일마다 조심스럽게
정성을 다하는 것이 배움이다

道是一件公衆的物事 當隨人而接引
도시일건공중적물사 당수인이접인
學是一個尋常的家飯 當隨事而警惕
학시일개심상적가반 당수사이경척

《채근담》

배움, 공부, 성적에 대한 집착, 공부를 수단으로 삼기, 학업 태만

• 뜻풀이 •

　도는 공중의 사물이므로 사람마다 이끌어서 따르게 해야 하고, 배움은 집에서 늘 먹는
음식과 같으므로 마주치는 일마다 경계하며 조심하는 자세로 임해야 한다.

한 번씩 소리 내어 읽고 쓰기

원문을 소리 내어 읽어 보고 뜻풀이를 써 보세요.

마음에 와닿는 구절 찾기

책(173~176p)을 읽고 가장 마음에 와닿는 구절을 찾아보고 그 이유를 써 보세요.

마음에 와닿는 구절

그 이유는

생각해보기

다음을 잘 읽고 써 보세요. 자신도 몰랐던 자신을 발견하게 될 것입니다.

• 그동안 배움에 대해 어떻게 생각해 왔나요?

배움이란 _____ (이)다.

배워야 하는 이유는 _____ (이)다.

• 율곡 이이는 "일상생활을 공손히 하고 일을 할 때는 정성을 다해 하며 타인을 진실하게 대하는 것이 배움"이라고 하였습니다. 이 말에 비추어 자신의 모습을 평가해 보세요.

일상생활을 공손히(예의 바르고 겸손하게) 하나요?

일을 할 때 정성을 다하나요?

타인을 진실하게(꾸미거나 감추지 않고 있는 그대로 보여 주기) 대하나요?

• 대학에서 경제학을 전공한 무함마드 유누스는 방글라데시의 빈민들이 빈곤에서 벗어나지 못하고 빚더미 위에서 고통스러워하는 것을 보고 이를 해결하는 것이 시급하다고 생각했습니다. 그는 가난한 사람에게 소액대출을 해 주는 그라민 은행을 설립하여 빈곤 퇴치에 기여합니다. 유누스의 이 같은 성공은 세계 여러 나라로 확산됩니다. 유누스처럼 세상을 이롭게 하기 위한 도를 발견하고 실천한 사람을 찾아 보세요.

내 뒤에 올 사람을
생각하라

踏雪野中去 不須胡亂行
답설야중거 불수호란행
今日我行跡 遂作後人程
금일아행적 수작후인정

이양연 또는 서산대사의 시

첫시작, 안하무인, 옳은 행동, 좋은 영향, 나쁜 영향

• 뜻풀이 •

눈 덮인 들판을 걸어갈 때 함부로 어지럽게 걷지 마라. 오늘 내가 디딘 발자국은 언젠가 뒷사람의 길이 될 것이니.

한 번씩 소리 내어 읽고 쓰기

원문을 소리 내어 읽어 보고 뜻풀이를 써 보세요.

책(178~182p)을 읽고 가장 마음에 와닿는 구절을 찾아보고 그 이유를 써 보세요.

마음에 와닿는 구절

그 이유는

다음을 잘 읽고 써 보세요. 자신도 몰랐던 자신을 발견하게 될 것입니다.

• 수업시간에 자거나 떠들기, 쓰레기 아무 데나 버리기, 어르신의 무거운 짐 들어드리기, 청소하는 친구 도와주기 등 타인에게 부정적이거나 긍정적인 영향을 미쳤던 적이 있나요? 타인이 어떤 영향을 받았나요? 타인에게 영향을 미칠 수도 있다는 것을 의식하고 있었나요?

• 목적지를 향해 출발해야 하는데 눈 덮인 들판이 앞에 놓여 있다고 가정해 보세요. 어떻게 행동할 것 같나요? 어쩔 줄 몰라 한 걸음도 걷지 못할지, 목적지라 생각하는 방향으로 걷기 시작하지만 내 발자국이 다른 사람에게 미칠 영향까지는 생각하지 못할지, 다른 사람에게 미칠 영향까지 생각하며 신중하게 걸을지 생각해 보세요.

MEMO

남에게 의존해 살아가면
수치심에서 벗어날 수 없다

蒼蠅附驥 捷則捷矣 難辭處後之羞
창승부기 첩즉첩의 난사처후지착
蔦蘿依松 高則高矣 未免仰攀之恥
조라의송 고즉고의 미면앙반지치
所以君子 寧以風霜自挾 毋爲魚鳥親人
소이군자 영이풍상자협 무위어조친인

《채근담》

자립, 의존적인 삶, 독립적인 삶, 줏대 없는 행동

• 뜻풀이 •

쉬파리가 천리마에 붙어 달리면 빠르기는 하지만 엉덩이에 붙어 간다는 수치를 벗기 어렵다. 담쟁이가 소나무에 의지하여 오르면 높이 오르기는 하지만 남에게 의지해서 기어 오른다는 수치를 면하지 못한다. 그래서 군자는 풍상을 끼고 살지언정 새나 물고기가 사람에 빌붙듯 하지 않는다.

한 번씩 소리 내어 읽고 쓰기 ─────────────────

원문을 소리 내어 읽어 보고 뜻풀이를 써 보세요.

마음에 와닿는 구절 찾기 ────────────

책(184~188p)을 읽고 가장 마음에 와닿는 구절을 찾아보고 그 이유를 써 보세요.

마음에 와닿는 구절

그 이유는

생각해보기 ────────────────

다음을 잘 읽고 써 보세요. 자신도 몰랐던 자신을 발견하게 될 것입니다.

• 자신의 이익을 위해 남에게 의존하고 무리에 끼어 줏대도 없이 행동한 적이 있나요? 있다면 어떤 상황이었는지 써 보세요. 만약 없다면 주변에서 목격한 상황을 써 보세요.

• 남에게 의존하고 줏대 없이 행동하거나 그런 행동을 목격한 후의 감정은 어땠나요? (혹시 생각나지 않는다면 인터넷에서 감정카드를 찾아서 자신의 감정을 써 보세요.) 그러한 감정을 느낀 이유가 무엇인지 자신을 들여다본 다음 그 이유에 대해서 써 보세요.

선거이 수사와 이순신 장군의
고귀한 이별과 세 가지 우정

北去同勤苦 南來共死生
북거동근고 남래공사생
一杯今夜月 明日別離情
일배금야월 명일별리정

이순신, 《난중일기》

우정, 뒷담화, 패거리 문화, 일진, 일탈

• 뜻풀이 •

북쪽에 가서도 함께 동고동락했고, 남쪽에 와서도 생사를 같이했지. 오늘밤은 달 아래 한 잔 술을 나누고, 내일은 이별의 정을 나눠야 하는구나.

한 번씩 소리 내어 읽고 쓰기

원문을 소리 내어 읽어 보고 뜻풀이를 써 보세요.

마음에 와닿는 구절 찾기

책(189~193p)을 읽고 가장 마음에 와닿는 구절을 찾아보고 그 이유를 써 보세요.

마음에 와닿는 구절

그 이유는

생각해보기

다음을 잘 읽고 써 보세요. 자신도 몰랐던 자신을 발견하게 될 것입니다.

• 책(190~193p)을 참고해서 고귀한 우정, 소중한 우정, 거짓 우정을 다시 한 번 정리해 보세요.

고귀한 우정은

소중한 우정은

거짓 우정은

• 현재 자신과 가장 가까운 사이의 친구를 떠올려 보세요.

친구

친구와 함께 하는 일 중 가장 많이 하는 일은?

친구와 이야기를 나눌 때 가장 자주 하는 대화 주제는?

• 그 친구와 내가 나누는 우정은 '고귀한 우정' '소중한 우정' '거짓 우정' 중에 어느 우정에 가장 가까운가요?

MEMO

5장 · 옳고 그름

변하지 않을 세상의 잣대

'좋다'는 '옳다'와 함께하는 것

飲宴之樂多 不是個好人家
음연지락다 불시개호인가
聲華之習勝 不是個好士子
성화지습승 불시개호사자
名位之念重 不是個好臣工
명위지념중 불시개호신공

《채근담》

선과 악, 존경, 오명, 부와 권력에 대한 욕망

• 뜻풀이 •

음주와 연회를 즐기는 일이 잦은 집은 좋은 집안이 아니고, 화려한 명성을 듣는 습관에 익숙한 선비는 훌륭한 선비가 아니며, 명예와 지위에 대한 생각이 간절한 사람은 좋은 신하가 아니다.

한 번씩 소리 내어 읽고 쓰기

원문을 소리 내어 읽어 보고 뜻풀이를 써 보세요.

마음에 와닿는 구절 찾기 ─────────────────

책(199~204p)을 읽고 가장 마음에 와닿는 구절을 찾아보고 그 이유를 써 보세요.

마음에 와닿는 구절

그 이유는

생각해보기 ──────────────────────────

다음을 잘 읽고 써 보세요. 자신도 몰랐던 자신을 발견하게 될 것입니다.

• 우리는 부와 명예, 지위를 얻기 위해 다른 사람을 희생시키거나 잘못된 행동을 하는

사람들을 종종 접합니다. 또는 부와 명예, 지위를 얻었는데도 존경할 만한 모습을 보이지 않는 경우도 많습니다. 여러분이 알고 있는 사례가 있다면 떠올려 보세요.

• 부, 명예, 지위를 얻고자 하는 나의 욕망은 어느 정도일까요? 또한 그 욕망이 나의 인생에 어떤 영향을 주었나요?

• 부, 명예, 지위보다 더 소중한 가치는 무엇일까요? 그 가치를 실천하며 사는 사람들보다 우리가 진정 '좋다'고 여겨야 할 모습은 무엇인지 생각해 보세요.

화려함과 담박함을
혼동하지 마라

談紛華而厭者 或見紛華而喜 語淡迫而欣者 或處淡迫而厭
담분화이염자 혹견분화이희 어담박이흔자 혹처담박이염
須掃除濃淡之見 滅却欣厭之情 纔可以忘紛華 而甘淡迫也
수소제농담지견 멸각흔염지정 재가이망분화 이감담박야

《채근담》

화려함, 수수함, 자신 꾸미기, 가식, 혼탁한 마음

· 뜻풀이 ·

　화려한 것에 대해 말하기 싫어하는 사람이 화려한 것을 보고는 좋아하는 경우가 있고, 담박한 것에 대해 말하기 좋아하는 사람이 담박한 곳에 가면 싫어하는 경우가 있다. 혼탁함과 담박함의 구분을 모두 없애고, 좋아하고 싫어하는 감정을 없애 버려야 화려한 것을 잊을 수 있고 담박함을 즐길 수 있다.

한 번씩 소리 내어 읽고 쓰기

원문을 소리 내어 읽어 보고 뜻풀이를 써 보세요.

마음에 와닿는 구절 찾기

책(205~209p)을 읽고 가장 마음에 와닿는 구절을 찾아보고 그 이유를 써 보세요.

마음에 와닿는 구절

그 이유는

생각해보기

다음을 잘 읽고 써 보세요. 자신도 몰랐던 자신을 발견하게 될 것입니다.

• 많은 사람들이 평범하게 사는 삶을 원한다고 하지만 매사에 평범하게 사는 것이 쉽

지 않다고 합니다. 평범하게 살기가 왜 쉽지 않을까요?

• 다른 사람들에게 '꾸밈 없이 좋은 사람'으로 보이기 위해 애써 거짓말을 한 적이 있
  나요? 내가 가장 숨기고 싶은 본심은 무엇인가요? 진정 부끄러움이 없는 모습이 되
  기 위해 어떤 노력을 해야 할까요?

누가 보든 말든 참되고
솔직하게 하라

作人 只是一味率眞 蹤跡雖隱還顯
작인 지시일미솔진 종적수은환현
存心 若有半毫未淨 事爲雖公亦私
존심 약유반호미정 사위수공역사

《채근담》

타인의 시선, 자기 포장, 솔직, 민낯

• 뜻풀이 •

인격을 가꿈에 있어서 참되고 솔직하면 어떻게 살았는지 숨기더라도 (참됨과 솔직함이) 드러나게 된다. 마음가짐에 있어서 작은 털만큼이라도 깨끗하지 않음이 있다면 일을 공정하게 하더라도 사사로움이 개입하게 된다.

한 번씩 소리 내어 읽고 쓰기 ─────────────────

원문을 소리 내어 읽어 보고 뜻풀이를 써 보세요.

마음에 와닿는 구절 찾기

책(212~215p)을 읽고 가장 마음에 와닿는 구절을 찾아보고 그 이유를 써 보세요.

마음에 와닿는 구절

그 이유는

생각해보기

다음을 잘 읽고 써 보세요. 자신도 몰랐던 자신을 발견하게 될 것입니다.

- 세상에 온통 거짓과 이기심으로 가득하더라도 참되고 솔직하게 살아야 한다는 말에 동의하나요? 동의하거나 동의하지 않는 이유는 무엇인가요?

• 어떤 일을 할 때 개인적인 감정을 뒤로하고 일을 공정하게 했던 경험, 감정 때문에 공정함을 잃었던 경험이 있나요? 그 당시 자신의 태도에 대해 평가해 보고 앞으로는 어떻게 할 것인지도 생각해 보세요. 예를 들면 체육대회 심판, 급식 시간 반찬 배식 등의 일을 맡았을 때 어떻게 했는지 생각해 보세요.

MEMO

약속을 지켜야
정의가 무너지지 않는다

서로 약속한 것을 꼭 지켜야 정의가 무너지지 않습니다.

만일 한다고 한 것을 그대로 안 하면 서운한 마음이 생깁니다.

그러므로 신의를 확수確守하는 것이 정의를 기르는 데 한 가지 조건이 됩니다.

안창호, 〈동지들께 주는 글〉

약속 지키기, 책임감, 정의

한 번씩 소리 내어 읽고 쓰기

위의 원문을 소리 내어 읽고 한 번씩 써 보세요.

책(217~220p)을 읽고 가장 마음에 와닿는 구절을 찾아보고 그 이유를 써 보세요.

마음에 와닿는 구절

그 이유는

생각해보기

다음을 잘 읽고 써 보세요. 자신도 몰랐던 자신을 발견하게 될 것입니다.

• 나는 약속을 잘 지키는 사람인가요? 그렇지 못한 사람인가요?

• 내가 자주 어기는 약속에는 무엇이 있을까요? 그리고 그 약속을 어겼을 때 누구에게
  피해를 줄까요?

• 잘못을 한 뒤 반성하고, 앞으로의 다짐을 정할 때 다짐은 왜 중요할까요?

MEMO

옳음을 택하되
이로움을 얻을 수 있도록 하라

一是非之衡 一利害之衡 生出四大級
일시비지형 일리해지형 생출사대급
守是而獲利者太上也 其次守是而取害也
수시이획리자태상야 기차수시이취해야
其次趨非而獲利也 最下者趨非而取害也
기차추비이획리야 최하자추비이취해야

정약용, 〈연아에게 답함〉

올바른 선택, 용기, 옳고 그름, 방관자, 폭력, 괴롭힘

· 뜻풀이 ·

옳고 그름을 가리는 시비是非의 저울과 이로움과 해로움을 가리는 이해利害의 저울이 있다. 여기에는 크게 네 가지 등급이 있다. 가장 높은 등급은 옳은 것을 지켜 이로움을 얻는 것이다. 그다음 등급은 옳은 것을 지켰으나 해롭게 되는 것이다. 그다음은 그릇된 것을 따라 이로움을 얻는 것이다. 가장 낮은 등급은 그릇된 것을 따르다가 해롭게 되는 것이다.

> 한 번씩 소리 내어 읽고 쓰기 ─────────────
>
> 원문을 소리 내어 읽어 보고 뜻풀이를 써 보세요.

마음에 와닿는 구절 찾기

책(223~227p)을 읽고 가장 마음에 와닿는 구절을 찾아보고 그 이유를 써 보세요.

마음에 와닿는 구절

그 이유는

생각해보기

다음을 잘 읽고 써 보세요. 자신도 몰랐던 자신을 발견하게 될 것입니다.

- 옳은 것을 지켜 이로움을 얻는 것, 옳은 것을 지켰으나 해롭게 되는 것, 그릇된 것을 따라 이로움을 얻는 것, 그릇된 것을 따르다가 해롭게 되는 것 네 가지 중 어떤 선택을 주로 하는지 생각해 보세요.

- 교실 속 '방관자'는 그릇된 일을 택해 이로움을 얻은 사람에 해당합니다. 혹시 방관자가 되는 것이 옳은 일이라고 생각한 적이 있나요? 그렇게 생각한 이유가 무엇일까요?

- 우리는 종종 크고 작은 폭력을 접합니다. 친구를 괴롭히거나 괴롭힘을 당하는 모습을 보기도 하지요. 이러한 상황을 외면하지 않고 옳은 것을 지켜 이로움을 얻는 현명한 방법은 무엇이 있을까요?

뉘우침에도
도道가 있다

顧悔之亦有道 若勃然憤悱於一飯之頃
고회지역유도 약발연분비어일반지경
旣而若浮雲之過空者 豈悔之道哉
기이약부운지과공자 기회지도재
有小過焉 苟改之 雖忘之可也
유소과언 구개지 수망지가야
有大過焉 雖改之 不可一日而忘其悔也
유대과언 수개지 불가일일이망기회야
悔之養心 如糞之壅苗 糞以腐穢 而壅之爲嘉穀
회지양심 여분지옹묘 분이부예 이옹지위가곡
悔由罪過 而養之爲德性 其理一也
회유죄과 이양지위덕성 기리일야

정약용, 〈매심재기〉

잘못, 실수, 반성, 성찰

• 뜻풀이 •

　뉘우침에도 도道가 있다. 밥 한 그릇 먹는 동안만 발끈 화를 냈다가 바로 뜬구름이 허공을 지나가는 것처럼 여긴다면 이를 어찌 뉘우치는 도라고 할 수 있겠는가? 작은 잘못이라면 고치고 나서 잊어버려도 괜찮다. 그러나 큰 잘못을 했다면 비록 고쳤더라도 매일 뉘우침을 잊어서는 안 된다. 뉘우침이 마음을 기르는 것은 똥이 어린 싹을 길러 내는 자양분이 되는 것과 같다. 똥은 썩은 오물이지만 어린 싹을 길러 좋은 곡식을 만들 듯이 뉘우침은 잘못이나 과실로부터 덕성을 길러 준다. 그 이치는 똑같다.

한 번씩 소리 내어 읽고 쓰기

원문을 소리 내어 읽어 보고 뜻풀이를 써 보세요.

마음에 와닿는 구절 찾기

책(228~233p)을 읽고 가장 마음에 와닿는 구절을 찾아보고 그 이유를 써 보세요.

마음에 와닿는 구절

그 이유는

• 지금까지 살아오면서 큰 잘못을 저질렀던 경험이 있나요? 언제, 어떤 상황이었나요? 잘못을 저지르고 나서 어떻게 대처했나요?

• 평소 여러분은 실수를 하거나 잘못을 저질렀을 때 어떤 자세나 태도를 취하나요?

• 이 글에서 제시한 독일의 사례와는 반대로 잘못을 저지르고도 제대로 된 뉘우침(반성)을 하지 않아 문제가 되었던 사례를 주변에서 찾아 정리해 보세요.

행복이란
평등한 관계 속에서 얻어지는 것

자유는 만물의 생명이요 평화는 인생의 행복이다.
그러므로 자유가 없는 사람은 죽은 시체와 같고 평화가 없는 사람은 가장 큰 고통을 겪는 사람이다.
압박을 당하는 사람의 주위는 무덤으로 바뀌는 것이며 쟁탈을 일삼는 자의 주위는 지옥이 되는 것이니,
세상의 가장 이상적인 행복은 자유와 평화에 있는 것이다.

한용운, 〈조선 독립에 대한 감상의 개요〉

행복, 자유, 평등

한 번씩 소리 내어 읽고 쓰기

위의 원문을 소리 내어 읽어 보고 한 번씩 써 보세요.

마음에 와닿는 구절

그 이유는

• 주변을 살펴보면 남과 다투어 굴복시키기를 좋아하는 사람이 있습니다. 평화롭지 않은 가운데도 만족감과 즐거움을 느끼는 사람이 있습니다. 여러분 자신이 그런 사람일 수도 있습니다. 이와 관련한 자신의 경험 또는 주변에서 보고 들은 일을 떠올려 보세요.

• 여러분이 생각하는 행복의 의미가 이 글을 읽기 전과 읽은 후에 달라졌나요? 달라졌다면 어떻게 달라졌나요?

> **MEMO**

따돌림사회연구모임 권리교육팀

따돌림사회연구모임은 '평화적으로 교류하고 우정을 나누는 사람'을 길러 내는 것을 목표로 2001년부터 활동해 오고 있는 선생님들의 연구 실천 모임이다. 학교폭력을 비롯해 건강한 자아쌓기, 올바른 인성과 생활 교육 등에 관한 연구를 하고 있다. 2018년 현재 정책팀, 서사교육팀, 교실심리팀, 권리교육팀, 우정교육팀으로 나누어 활발하게 활동 중이며, 그 연구 결과를 책으로 출간해서 세상과 공유하고 있다. 학교폭력에 관한 《이 선생의 학교폭력 평정기》《교실평화 프로젝트》《이 선생의 학교폭력 상담실》《이 선생의 학교폭력 특수전》, 10대들의 '건강한 자아쌓기'를 위한 《10대 마음보고서》《진짜 나를 만나는 혼란상자》를 책으로 펴냈다.

권리교육팀은 공교육에서 좀 더 강화했으면 하는 도덕성, 인성, 생활 교육을 위한 대안 프로그램을 만들고 있다. 《10대 언어보감》이 그 첫 결실이다. 언제나 진실을 직시하고 자신의 잘못을 인정할 줄 알며, 약자의 편에 서는 사람, 당당하고 가치 있는 삶을 사는 사람을 길러 내고자 하는 꿈과 목표를 가지고 있다.

10대 언어보감
WORK BOOK

ⓒ 따돌림사회연구모임 권리교육팀, 2018

초판 1쇄 | 2018년 4월 30일
초판 3쇄 | 2022년 12월 16일

지은이 | 따돌림사회연구모임 권리교육팀
발행인 | 정은영
책임편집 | 최명지
디자인 | 디자인붐

펴낸곳 | 마리북스
출판등록 | 제 2019-000292호
주소 | (04037) 서울시 마포구 양화로 59 화승리버스텔 503호

전화 | 02) 336-0729, 0730
팩스 | 070) 7610-2870
Email | mari@maribooks.com
인쇄 | (주)금명문화

ISBN 978-89-94011-81-3 (43190)